LA SEINE
RADE DE GUERRE

PAR

M. DE COENE

ANCIEN PRÉSIDENT DE LA SOCIÉTÉ

Paris, Rouen et Le Havre sont
les quartiers d'une même ville.
dont la Seine est la grande rue.

NAPOLÉON.

ROUEN

IMPRIMERIE JULIEN LECERF

1892

SOCIÉTE DE DÉFENSE

DES INTÉRÊTS DE LA VALLÉE DE LA SEINE

LA SEINE
RADE DE GUERRE

PAR

M. DE COENE

ANCIEN PRÉSIDENT DE LA SOCIÉTÉ

> Paris, Rouen et Le Havre sont
> les quartiers d'une même ville,
> dont la Seine est la grande rue.
>
> NAPOLÉON.

ROUEN

IMPRIMERIE JULIEN LECERF

1892

EXTRAIT DU PROCÈS-VERBAL

de la séance du Syndicat du 28 avril 1892.

Le Syndicat décide que la Société prend en considération les idées émises par son ancien Président, M. de Coene, sur l'utilité d'une rade de refuge pour les flottes de guerre dans l'estuaire de la Seine. Il charge son Bureau de faire toutes les démarches auprès de MM. les Ministres des Travaux publics et de la Marine pour faire étudier la question et la faire aboutir au mieux des intérêts du pays.

Le Syndicat décide, en outre, que les articles publiés par M. de Coene seront réunis en brochure, pour être distribués aux Membres du Parlement et à tous ceux qui s'intéressent à cette importante question.

LA SEINE RADE DE GUERRE

PAR M. DE COENE

Ancien Président de la *Société de défense des intérêts de la Vallée de la Seine.*

LA MARINE DANS LES GUERRES MODERNES

La guerre moderne est pleine d'imprévus, les progrès de l'artillerie et la marine à vapeur à grande vitesse sont venus changer toutes les conditions de la défense et de l'attaque.

Jusqu'à présent, dans les guerres continentales en Europe, on n'a pas encore pu se rendre un compte exact de l'influence que peut avoir la marine sur les succès d'une campagne militaire.

On a trop négligé, à notre avis, l'étude des diversions que l'on peut opérer par la marine qui offre le moyen de jeter à l'improviste et rapidement sur la côte ennemie une armée qui peut prendre à revers les défenses de l'adversaire et lui infliger une défaite.

La France, par l'étendue des côtes qu'elle possède sur l'Océan et sur la Manche, est mieux disposée que tout autre pays pour pratiquer ce genre d'attaque, qui peut avoir une si grande action sur le succès définitif.

Lorsqu'on étudie l'histoire de la guerre de sécession, en Amérique, on voit que ce qui a fait le principal titre de gloire de Grant a été de montrer combien l'intervention de la marine peut être considérable dans certaines circonstances. On a pu juger alors de la souplesse merveilleuse et des ressources infinies dont la marine dispose pour effectuer avec rapidité les transports de troupes sur une côte ennemie; combien elle a servi pour les approvisionnements des armées; avec quelle facilité il a été possible d'opérer le débarquement d'une armée d'attaque ou de secours.

L'heureuse issue de la guerre du Tonkin ne tient-elle pas pour beaucoup au rôle de l'amiral Courbet, qui n'a pas hésité à attaquer les Chinois sur leur littoral?

Dans un de ses discours, le nouveau chancelier, M. de Caprivi, ancien ministre et organisateur de la marine allemande, a fait voir la grande place que l'on doit assigner à la marine dans les guerres futures.

Il prétend même que ce n'est pas au loin qu'on doit rechercher les succès qui vous donnent la puissance coloniale ou l'empire de la mer, c'est en Europe même. Une grande victoire en Europe suffit à maintenir un empire, et à assurer la possession de grandes colonies.

Si on étudie les dernières manœuvres de la flotte allemande sur la mer du Nord, l'importance qu'on leur a donnée, la tournure particulière qu'elles ont prises comme auxiliaires de l'armée, on saisit toute la valeur de l'application des principes que la guerre de sécession avait mis en lumière.

Si on examine enfin l'occupation d'Héligoland cédée par l'Angleterre à l'Allemagne, on voit que cette cession n'avait pas simplement pour but de réunir un lambeau de la terre allemande à la mère patrie, qu'elle n'était pas une pure manifestation patriotique.

Des faits nouveaux sont venus bientôt démontrer combien ces promesses étaient trompeuses.

Aujourd'hui les Allemands se préparent, si ce n'est déjà fait, à faire d'Héligoland un vaste arsenal propre à repousser toute agression contre les côtes allemandes et, au besoin, à servir de centre d'attaque.

La patte de velours s'est changée en une griffe de lion fortement aiguisée. C'est un avertissement. Sachons en profiter !

Lorsqu'on envisage tous ces faits et lorsqu'on se reporte au rôle si effacé que notre marine a joué en 1870 hors Paris, et qu'on aurait pu cependant rendre si considérable entre les mains d'un homme habile et hardi comme nous en avons dans notre magnifique personnel naval, on se demande si ce rôle a jusqu'à présent été bien compris en France dans nos guerres continentales.

Avons-nous eu raison de tout négliger pour accumuler forteresses sur forteresses dans la direction de l'Est ?

L'histoire nous apprend cependant que nous avons été habitués à marcher autrefois en vainqueurs. Si nos brillants succès se sont effacés en partie dans la guerre de 1870, la cause ne tient-elle pas à la séquestration de notre plus belle armée sous les murs de Metz, jadis appelée la *Pucelle* ?

Ne ferions-nous pas une chose indispensable en pensant à nos frontières de l'Ouest, du côté de la mer, qui sont presque sans défense ?

Les discussions qui ont eu lieu à propos des fortifications de Cherbourg ne doivent-elles pas nous éclairer ? Ces discussions nous ont fait voir que Cherbourg, en France, comme Plymouth, en Angleterre, ne sont plus à la hauteur des progrès de l'attaque et de la défense ?

Ces arsenaux, par leur proximité des côtes, deviennent presque inutiles, grâce à l'énorme portée et à la précision de la nouvelle artillerie.

Voici une lettre, parmi plusieurs autres que nous possédons et que nous pourrions publier, qu'un de nos amiraux, le regretté M. Jauréguiberry, écrivait à propos de Cherbourg en 1886, et qui a été signalée dans une discussion à la Chambre, que nous croyons devoir rappeler :

« Vous m'avez fait l'honneur, disait l'amiral, de me demander si Cherbourg peut suffire à toutes les exigences d'une guerre maritime sérieuse.

» Non, malheureusement !

» A l'époque où cet arsenal a été créé, on ne connaissait que la marine à voiles, et l'artillerie en usage ne possédait qu'une portée relativement médiocre, une précision de tir laissant fort à désirer, des projectiles et un matériel très imparfaits.

» Dans ces conditions, les batteries de la digue et des forts protégeaient d'une façon presque sûre le port, la ville et les navires mouillés.

» Mais l'application de la vapeur à la marine, les progrès apportés à l'artillerie, progrès qui ont plus que décuplé la portée efficace des pièces, enfin, l'invention des torpilleurs, ont complètement changé l'état des choses.

» Il est évident aujourd'hui que les établissements situés au bord de la mer ne sont pas à l'abri d'un bombardement exécuté du large à grande distance et se trouvent exposés à des coups désastreux, qu'ils ne peuvent rendre, car l'assaillant dirige son feu sur une cible fixe, d'étendue considérable, tandis qu'il présente à son adversaire un point mobile et changeant à chaque instant de place.

» A ce point de vue, Cherbourg a donc perdu tous ses anciens avantages, et la prévoyance la plus élémentaire réclame impérieusement un prompt remède au mal.

» Ce remède, vous me paraissez l'avoir trouvé par la création d'une rade à passe étroite, située à l'embouchure de la Seine, et assez éloignée du large pour abriter contre toute canonnade dangereuse les navires ou les escadres qui viendraient s'y réfugier. Cette rade ne devrait pas amener l'abandon immédiat de l'arsenal de Cherbourg, déjà doté d'ateliers, de bassins, d'un outillage énorme auquel le pays ne saurait renoncer ; mais elle permettrait aux navires de guerre d'y trouver un abri contre toute attaque, où rien ne les empêcherait de se ravitailler, de visiter leurs machines, de nettoyer leurs chaudières, de se disposer à tomber sur un ennemi croisant au large, menaçant un port voisin.

» Elle pourrait enfin *recevoir tous les bâtiments du commerce, beaucoup trop exposés dans les bassins du Havre aux déplorables effets d'un bombardement maritime.*

» Il va sans dire que sa passe d'entrée serait fortifiée de manière à ne pouvoir être forcée par des cuirassés ou des torpilleurs.

» Agréez, etc.

» Signé : J.-B. JAURÉGUIBERRY,

» *Vice-Amiral.* »

Les ports sur la côte qui pouvaient autrefois, comme Boulogne en 1803, servir de refuge à une flotte d'embarquement, sont complètement insuffisants en raison de la portée actuelle de l'artillerie. La rade que l'on a commencée à Boulogne serait plus inefficace encore que celle de Cherbourg. Ce qu'il faut rechercher aujourd'hui, ce sont les rades profondes, placées loin des côtes, d'où l'on pourrait s'élancer sur l'ennemi, où on pourrait aussi embarquer rapidement et à l'abri un corps d'expédition tout entier pour le porter en quelques heures sur la côte ennemie et imposer nos conditions.

Eh bien ! supposons que dans un fleuve comme la Seine, par exemple, ainsi que l'a dit l'amiral Jauréguiberry, nous installions une rade où des flottes entières pourraient se réunir, qu'en divers points de cette rade desservie par plusieurs voies ferrées on puisse accéder directement.

On comprend l'importance que pourrait avoir, pour la défense de nos côtes de la Manche, un refuge à l'abri des attaques, et susceptible, à un moment donné, de devenir un centre d'agression formidable.

Or, d'après les renseignements que nous avons recueillis, cette solution n'est pas impossible.

On répondrait ainsi à une nécessité moderne qui pourrait avoir une portée politique incalculable.

Nous ne nous permettrons pas, en notre simple qualité de particulier, de rechercher à faire des combinaisons stratégiques. Ce rôle appartient à ceux qui ont la charge de notre défense, mais nous ne saurions cependant trop insister auprès du Gouvernement pour qu'il examine et étudie la question que nous nous permettons de lui soumettre.

Comme nous le disait un homme très versé dans l'histoire des guerres modernes : un peuple qui pourrait, à un moment donné, porter rapidement dans le pays ennemi une armée, aurait en ses mains une force puissante capable de porter un coup décisif en faveur d'une attaque continentale, en venant prendre à revers l'armée ennemie.

Le succès à la guerre appartient au plus prévoyant. L'histoire des guerres heureuses est contenue dans ce simple aphorisme :

Vis pacem, para bellum, mais le succès appartient toujours au plus hardi, au plus courageux, à celui qui a la meilleure préparation.

Or, nous considérons que, si nous avons beaucoup fait pour notre frontière continentale de l'Est, nous n'avons pas assez fait pour la défense de nos côtes. Il est temps de songer à cette partie essentielle de la défense de la France, qui est presque entièrement ouverte du côté de la mer.

Dans un second chapitre ayant pour titre : *la Basse-Seine et la Défense nationale*, nous allons étudier les voies et moyens, et nous appliquer à démontrer par quelle combinaison pratique et économique on peut réaliser ce projet.

LA BASSE SEINE ET LA DÉFENSE NATIONALE

I

Dans l'article sur le rôle de la marine dans la guerre moderne, je me suis attaché à faire voir l'importance que présente, pour la défense du pays et pour la protection des intérêts de la marine commerciale, la création d'une rade de refuge.

En France, vis-à-vis de Paris, l'embouchure de la Seine est tout indiquée pour remplir ce grand rôle sur les côtes de la Manche.

Tous les grands peuples du nord de l'Europe nous ont d'ailleurs devancés depuis longtemps dans cette voie.

Les Russes ne possèdent-ils pas Cronstadt, en tête de la Néva, pour protéger Saint-Pétersbourg, devenu, grâce à de grands travaux de rectification du cours du fleuve, un port de commerce de premier ordre.

Les Allemands ont créé à Cux-Haven, à l'embouchure de l'Elbe, pour protéger Hambourg et la marine allemande, une rade de refuge en cas de guerre.

Les Anglais, à l'embouchure de la Tamise, possèdent sur la

Medway, les arsenaux de Chatham, qui forment le réduit avancé de la défense de Londres.

A l'aval d'Anvers, sur l'Escaut, on trouve Flessingue, comme port d'embouchure, mais comme Flessingue appartient aux Pays-Bas, la Belgique se propose, sur le passage des transatlantiques, de construire à Hyest, près de Bruges, un port accessible à toute heure aux plus grands navires et capable de suppléer à l'insuffisance d'Anvers.

La France doit donc posséder, à l'embouchure de la Seine, une rade de refuge, pour se trouver alors seulement sur le même pied que les grands ports, nos rivaux.

Par cette rade, Paris, Rouen et le Havre seront véritablement, comme on l'a dit, les trois quartiers d'une ville dont la Seine est la grande rue, et constitueront le plus magnifique établissement maritime et commercial qui existe.

On admet aujourd'hui, sans contestation possible, que la solidarité des intérêts de Paris, de Rouen et du Havre doit être complète. L'antagonisme de Rouen et du Havre n'existe plus; le gouvernement a compris qu'il fallait y substituer une entente absolue. L'expérience des faits est venue démontrer que chaque amélioration apportée au Havre profite à la Seine, comme chaque amélioration de la Seine profite au Havre.

Si le port du Havre était accessible à toute heure de marée aux navires à grande vitesse faisant le trajet de New-York en six jours, la France offrirait par Paris la voie la plus rapide et la plus économique pour la navigation transatlantique. Et la Seine présenterait sur la Tamise des avantages supérieurs à ceux qui sont offerts par le grand fleuve anglais.

Depuis que l'endiguement a rendu facile l'accès de la basse Seine, cette amélioration n'a-t-elle pas donné au Havre une voie de pénétration pour la marine fluviale, tout en assurant aux grands navires le moyen de se rapprocher de Paris. La Seine canalisée à 3 mètre 20, de Rouen à Paris, n'a-t-elle pas, du même coup, assuré la prospérité plus grande de Paris, de Rouen et du Havre, en permettant d'abaisser de 50 0/0 le prix du fret des transports par eau du Havre et de Rouen, sur Paris ? Chaque amélioration partielle a donc été une amélioration pour les trois villes qui forment déjà, et devront former de plus en plus dans l'avenir un immense marché de fret pour la navigation ; un admirable marché commercial où tout se trouvera réuni à la fois : capitaux, industrie, commerce.

Cette solidarité d'intérêts exige donc la solidarité des efforts à faire pour arriver à doter la Seine de tous les perfectionnements dont elle est susceptible. Mais aussi, n'est-il pas indispensable que les perfectionnements soient entrepris méthodiquement et à l'inverse de ce qui s'est fait, lorsque le chemin de fer de Paris au Havre est venu révolutionner les conditions de transport de la mer vers l'intérieur ?

Quand il s'est agi de réunir Paris à la mer, on a commencé par créer la ligne de Paris à Rouen, en 1843, puis la ligne de Rouen au Havre, en 1846.

Pour les améliorations qui restent à accomplir sur la Seine, il faudrait procéder autrement.

Il faut que l'accès à la mer soit parfait ; créer un port avec rade à l'embouchure, puis du Havre à Rouen opérer toutes les améliorations possibles ; et enfin, lorsque tout cela sera acquis, progresser pas à pas, avec certitude de succès, comme on l'a fait jusqu'à présent, où chaque amélioration sagement entreprise a conduit à une rémunération qui s'est traduite chaque fois par des millions économisés pour le pays.

Déjà l'endiguement de la basse Seine produit 6 millions d'économie annuelle ; la Seine canalisée de Rouen à Paris, 5 millions par an.

Or, que reste-t-il à faire pour la basse Seine ? Créer en tête du fleuve une rade d'abri pour le commerce et pour la guerre.

Sur ce point, aujourd'hui, tout le monde est tombé d'accord. Comme on l'a souvent répété à la Chambre et au Sénat, comme le demandent le commerce, les marins, il ne faut pas marchander les dépenses. Les travaux doivent être dignes des intérêts en jeu pour constituer une admirable voie de communication ; il faut prévoir toutes les installations, tous les approfondissements, toutes les facilités au moins égales, sinon supérieures, à ce que nos concurrents possèdent chez eux, à Londres, Rotterdam, Hambourg et Anvers.

Mais, pour arriver sûrement à ce résultat, il ne faut pas diviser nos efforts, mais les concentrer. Il ne faut pas parler du Havre seul, de Rouen seul ou de Paris seul, il faut entreprendre des améliorations qui servent à ces trois villes réunies. Chaque amélioration devant profiter à toutes et à chacune, créer, en un mot, par la Seine et pour la France, une grande voie de circulation comme on l'a fait pour le chemin de fer, possédant ses moyens d'action, ses installations, tous les services centralisés afin de constituer le grand canal de la Seine — l'émule et le concurrent de la Tamise — comme Henri IV voulait le faire, comme l'a préconisé Gambetta, lorsqu'il est venu à Quillebeuf, en 1880, où il a dit :

« Quoi qu'on dise et quoi qu'on fasse, on ne doit rien épargner pour la Seine, l'émule de la Tamise, qui conduit à Paris, la capitale de la civilisation. »

Mais, pour réussir, il faut bien poser le problème, car lorsqu'un problème est bien posé, il est presque résolu.

C'est ce qui va faire l'objet de notre conclusion, que nous croyons devoir faire précéder des paroles que M. le Ministre des travaux publics prononçait dans un discours récent, en s'adressant au conseil général des Ponts-et-Chaussées :

« Monsieur le président, vous avez bien raison de parler de la
» sympathique confiance que j'ai dans le conseil général des Ponts-
» et-Chaussées. Je sais avec quels scrupules ce conseil examine
» toutes les affaires qui lui sont soumises. Quand elles reviennent
» devant le ministre, il peut être convaincu que les décisions pri-
» ses ont été dictées d'après les règles de la probité profession-
» nelle la plus complète et l'examen le plus attentif.

» *Vous savez qu'en ce moment nous n'avons que peu d'argent*
» *pour continuer les travaux publics cependant si nécessaires.*
» D'un autre côté, la prospérité de la France ne fait de doute pour
» personne : des capitaux abondants cherchent leur emploi. Aussi
» je considère que si nous pouvons donner à ces capitaux privés
» l'habitude d'entreprendre des travaux publics sans garanties ni
» subventions de la part de l'Etat, nous ferons bien de les encou-
» rager.

» Nous ne devons pas vouloir trop les protéger, nous devons les
» laisser s'engager dans des entreprises qui, faites sur le sol
» national et dans des proportions limitées, ne peuvent provoquer

» de grands périls. Aussi, je déclare bien haut que ma politique
» est de faire le plus large appel à *l'initiative privée* en matière
» de travaux publics. »

Nous espérons pouvoir démontrer que l'appel de M. le Ministre
des travaux publics à l'initiative privée, dans de certaines conditions toutefois, ne peut trouver de meilleure application que dans
les travaux qui restent à exécuter sur la Seine de Rouen au Havre,
et qui doivent avoir pour conséquence immédiate de réduire les
dépenses de la navigation appelée à fréquenter les ports de la
Seine et de son embouchure.

II

La discussion sur le budget de la marine confirme l'opinion que
nous avons émise sur le rôle des rades de refuge. Ces rades sont
aussi nécessaires pour le commerce que pour la guerre. En Angleterre, a dit un député, on a abandonné l'arsenal de Pembroke, où
on construisait des navires de guerre, en raison de sa proximité
de la côte. C'est dans les profondes embouchures, comme la Clyde,
à Glascow, que l'on construit aujourd'hui les grands navires de
combat.

Le *Petit Marseillais*, dans un article du 7 décembre, partage
notre avis. Il insiste sur la nécessité de défendre les ports par des
torpilleurs. Il démontre que, partout en France aujourd'hui, on
se préoccupe de cette question. Il critique cependant l'idée d'épar-
piller nos forces et demande qu'on centralise la défense. « Eparpiller
les forces, dit-il, ce serait renouveler les fautes de 1870. » Les
ports de Dunkerque et du Havre demandent que l'on écarte des
ports de commerce la défense mobile pour ne pas provoquer la
destruction de ces ports en cas de guerre.

Dans un poste central bien choisi, on peut avoir des navires dont
les équipages sont bien tenus en haleine, que l'on peut exercer.
Les navires peuvent y être conservés en bon état, bien armés, bien
ravitaillés, prêts à tout évènement. La vitesse des torpilleurs est
telle qu'elle permet, en quelques heures, de les amener aux points
où ils sont nécessaires. L'embouchure de la Seine, au centre de

la Manche, réalise tous les *desiderata*. Sa rade peut servir merveilleusement à cet usage.

M. Lecour, député de Nantes, a fait voir l'importance de la Gironde, de la Loire et de la Seine, pour la défense du littoral de la France, pour recevoir nos forces navales, les mettre à l'abri de toute attaque, les tenir prêtes à prendre l'offensive.

Déjà, en 1888, il avait déposé, sous forme d'article additionnel au projet concernant les travaux de défense à entreprendre dans les ports de Brest, de Cherbourg et de Toulon, une proposition demandant qu'un crédit de 50,000 fr. fût ouvert au ministre de la marine pour faire étudier les ressources que pourraient offrir, au point de vue de la construction et de l'armement de la flotte, les différents ports de commerce, et particulièrement les ports de Rouen, Nantes et Bordeaux, que leur situation géographique met complètement à l'abri de toute attaque ; faire inventorier, en vue d'une réquisition ultérieure, les chantiers de construction navale et les établissements métallurgiques qui s'y trouvent, et faire examiner par une commission technique s'il n'y a pas lieu de classer, dès à présent, certains de ces ports comme ports militaires auxiliaires.

M. de Montfort, qui s'occupe avec un si patriotique intérêt de toutes les questions de la défense et qui y apporte le concours d'une compétence si éclairée et si en éveil, n'a pas manqué de profiter de la circonstance pour indiquer le rôle que peut jouer la Seine maritime dans des circonstances graves qui peuvent surgir en cas d'un conflit européen.

Un autre orateur a indiqué aussi avec quelle facilité l'étang de Berre pourrait remplir la même fonction pour la défense des ports de la Méditerranée. La Corse n'a pas été oubliée, et M. le Ministre a promis d'y constituer un poste de défense.

MM. Clémenceau et Brisson, eux aussi, ont appelé l'attention du Ministre sur ces graves et importantes questions de la défense nationale, pour éviter, ont-ils dit, les surprises de 1870.

De toutes parts, à la Chambre, on a manifesté les mêmes idées patriotiques. Nous pouvons donc affirmer avec une conviction plus forte que jamais, que les exemples que nous avons cités, que les comparaisons que nous avons faites, ont trouvé un écho dans la représentation nationale, et que, dans tous les camps, on est unanime à réclamer une étude qui ne peut plus tarder aujourd'hui à être mise à exécution.

Or, pour la Seine maritime, il se trouve que la solution commerciale se lie étroitement à la solution militaire ; que, du même coup, l'établissement d'une rade commerciale offre un magnifique refuge en cas de guerre ; que les dépenses indispensables à faire peuvent être couvertes par les ressources que le commerce offre à la défense nationale. C'est ce qui nous permet de répéter, de nouveau, que la basse Seine, à son embouchure, intéresse, à la fois, le commerce et la défense du territoire ; que, là encore, on trouve une heureuse application de la concentration des efforts en un seul point ; que l'embouchure de la Seine doit être la tête de ligne et le réduit avancé de la capitale de la France, comme Cronstadt est le port avancé et la redoute de la Néva, qui couvre Saint-Pétersbourg.

Or, s'il en est ainsi, l'Etat ne peut manquer de s'associer à une solution qui doit avoir des conséquences d'une si haute portée ; il ne s'agit plus d'une question locale, mais d'une question d'intérêt général de premier ordre.

Il y a enfin un point particulier sur lequel nous croyons devoir insister de nouveau, c'est que le port du Havre, plus que tout autre, est intéressé à avoir, à une certaine distance de son port, des moyens de défense et une rade profonde et abritée où il puisse mettre à l'abri et soustraire à un bombardement sa flotte commerciale, si exposée dans ses bassins, en raison de l'énorme portée et de la précision du tir de l'artillerie moderne.

Si le Havre conservait dans ses bassins les grands paquebots de sa flotte commerciale, considérés comme navires auxiliaires de la marine de guerre, il s'exposerait, cela n'est pas douteux, à un bombardement, car l'ennemi pourrait prétendre légitimer une destruction qui n'aurait plus de raison d'être si les navires de commerce pouvaient être mis à l'abri dans une rade placée assez loin pour que le Havre ne puisse souffrir de leur présence.

Le Havre, on le voit donc, est plus que Rouen intéressé à avoir une rade pour la sécurité de son port, de la ville, de ses entrepôts et de sa marine.

Nous connaissons trop le patriotisme éclairé des Havrais pour douter un seul instant qu'ils ne soient les premiers à appuyer nos idées. Nous pouvons même avancer que nous connaissons assez combien les représentants de notre grande métropole commerciale de l'Ouest ont le souci des intérêts généraux pour être certain qu'ils se rangeront à l'adoption d'un projet qui placerait le port du Havre dans une situation exceptionnelle, incomparable, et dont il serait le premier à recueillir les fruits.

Ce sont ces considérations d'un ordre tout à fait général qui nous ont fait tant insister dans notre étude précédente, pour n'y plus revenir, sur la solidarité des intérêts et des efforts qui doivent amener l'exécution d'un vaste plan.

Il ne faut plus s'exposer à des mécomptes. Il ne faut plus consacrer 25 ou 30 millions à des projets comme ceux qui ont été exécutés pour les bassins de la Citadelle, projets qui datent à peine de quinze ans, et qui, à peine achevés, ont été reconnus insuffisants, puisque les grands navires ne peuvent entrer dans ces bassins.

Chacun au Havre sait, par expérience, que c'est parce que l'on n'a pas su prévoir l'avenir et engager les sommes nécessaires, que l'on a creusé des bassins trop peu profonds, que l'on a exécuté des ouvrages inutiles dès leur origine. Or, d'après les renseignements publiés par un journal qui a reçu communication d'un projet qui ne tardera pas à être produit, on renouvellerait la même faute. Ce projet, qui consiste, paraît-il, à avancer les jetées de 500 mètres en mer, sans créer une rade indispensable devant le Havre, en se contentant d'un avant-port exposé aux envasements et creusé à 4 m. 50, et par conséquent inaccessible à toute heure, entraînerait une dépense de 30 à 40 millions sans utilité et reproduirait la faute des bassins de la Citadelle. Le port du Havre serait encore dans dix ans inférieur aux ports rivaux : Southampton, Flessingue, Cux-Haven, Tilbury-Docks, qui offrent au commerce maritime des ressources que nous n'aurons pas nous-mêmes. Les navires, au Havre, seraient enfin exposés au bombardement et à la destruction.

Une entrée et une sortie nouvelle sur une rade profonde donneraient, au contraire, au Havre, tous les avantages dont il est privé aujourd'hui.

Or, dans les discussions à la Chambre ou au Sénat, M. le Ministre et M. le Commissaire du gouvernement se sont toujours efforcés de démontrer que l'on ne devait pas marchander les dépenses ; qu'il fallait au moins dépenser 100 millions. Ni le Sénat ni la Chambre n'ont critiqué l'importance de la somme ; jamais on n'a dit qu'elle dépassât les exigences de la défense nationale et du commerce maritime. Venir dire aujourd'hui que l'on n'a plus besoin de 100 millions, mais que l'on se contentera de 40 millions, ce serait la plus amère critique des projets qui ont prétendu que la somme de 100 millions était nécessaire.

Une pareille attitude, si elle était soutenue, ne serait pas digne de l'important problème à résoudre : créer une rade devant le Havre, avec entrée à toute heure pour le Havre ; faire remonter jusqu'à Rouen les grands navires le jour comme la nuit et à toute marée ; assurer pour la défense nationale une rade de refuge indispensable à la défense du territoire.

Pouvons-nous dépenser 100 millions sans exiger autre chose que la perception actuelle des diverses taxes actuelles ? Telle est la question que nous avons à résoudre, et que nous espérons avoir résolue.

Ces propositions ont été exposées devant la *Société des Ingénieurs civils* à cette tribune si large, si éclairée, où tous les grands projets, Suez, Panama, sont venus tour à tour s'éclairer de la discussion devant les hommes les plus instruits, les plus indépendants, les plus versés dans les questions maritimes et commerciales. Elles ont reçu de la *Société des Ingénieurs civils*, et on peut le dire aussi, de la *Société industrielle de Rouen*, les encouragements les plus chaleureux.

On peut légitimement avancer qu'elles ont obtenu l'assentiment de M. le Ministre des travaux publics lui-même, qu'il en a indiqué les bases dans le discours que j'ai cité.

Or, ces propositions offrent mieux que celles de M. Bouquet de la Grye : un vaste établissement maritime centralisant tous les services, développant tous les entrepôts, les armements, se suffisant à lui-même, substituant à l'organisation actuelle, sans cohésion, partagée entre plusieurs administrations souvent divergentes, un organe puissant, bien armé de tous les moyens d'action, centralisant tous les services sous une même direction, et capable de constituer enfin ce grand canal de la Seine, semblable au grand canal du Nord, l'émule de la Tamise, où, d'après les indications de M. Krantz au Sénat, l'année dernière, le tonnage a dépassé 24 millions de tonneaux, entrées et sorties réunies.

III

A l'appui des considérations que nous avons développées sur la nécessité de créer une rade dans l'embouchure de la Seine, nous croyons devoir publier les deux lettres que nous avons reçues à la date du 23 décembre dernier, et qui montrent combien cette solution est définitivement acceptée par tous ceux qui sont guidés par leur patriotisme et par leur expérience des choses de la guerre.

Voici la lettre que nous recevons d'un de nos amiraux les plus connus et les plus en vue :

Paris, 23 décembre 1891.

« Monsieur,

« J'ai lu avec un vif intérêt les articles publiés par vous à l'effet de démontrer la nécessité de créer à l'embouchure de la Seine un refuge assuré pour les bâtiments de guerre et de commerce.

« Les considérations que vous faites valoir en faveur de ce projet sont on ne peut plus convaincantes, et je crois comme vous, que le rôle de la marine en temps de guerre sera beaucoup plus important qu'on ne le croit généralement en France. Nous n'avons dans la Manche aucun port qui puisse permettre aux navires de guerre de se ravitailler et de se reposer en toute sécurité.

« La création d'un pareil abri, s'il est pratiquement réalisable, est donc de toute nécessité pour la défense nationale.

« Agréez, Monsieur, l'expression de ma considération distinguée. »

X…

M. Lecour, député de la Loire-Inférieure, m'écrit le 23 décembre également :

« Je vous félicite bien sincèrement de votre remarquable article du *Nouvelliste*. Il y a là une campagne à suivre. Au lieu de gaspiller des millions, on pourrait, à moindres frais, créer des ports excellents pour la construction et des arsenaux dans la Loire et dans la Seine, et j'espère qu'avec le concours d'hommes comme vous, nous triompherons de la routine. »

Aussi ne doutons-nous plus aujourd'hui que le gouvernement ne transforme bientôt en projet de loi une solution que réclame la défense du pays et qui s'impose à tous.

Or, ce n'est pas d'hier que nous parlons de ces questions.

Lorsqu'en 1883, l'*Association française pour l'avancement des Sciences* est venue tenir ses assises à Rouen, plusieurs grands ingénieurs étrangers qui assistaient à ce congrès, Hawkshaw, pour l'Angleterre ; Baccarini, pour l'Italie ; Van der Thon, pour la Hollande, ont paru étonnés que nos travaux de la basse Seine, qui avaient si bien réussi, ne fussent pas achevés. Ils n'ont pas compris que l'embouchure de la Seine fût restée dans son état naturel avec ses chenaux changeants et sans profondeur, lorsque déjà les embouchures des grands fleuves en Europe, la Meuse, l'Escaut, par exemple, étaient en état de transformation complète, lorsqu'en Amérique, l'ingénieur Eads venait d'achever ses beaux travaux de rectification de la bouche du Mississipi.

Pendant ce congrès également et sous l'empire de ces idées, un publiciste qui, par ses études, a le plus contribué peut-être à faire connaître le rôle important que nous avions à jouer, nous faisait entrevoir dans un langage applaudi par tous, l'avenir qui était réservé aux ports du Havre et de Rouen. M. Simonin nous exposait les magnifiques résultats auxquels étaient parvenus les étrangers qui avaient donné à leurs ports de Londres, de Liverpool, de Glascow, d'Anvers, d'Amsterdam, de Rotterdam, des développements supérieurs aux nôtres. Il nous montrait que, nous aussi, nous pouvions arriver au même but en nous servant des mêmes moyens.

A cette même date, on convoquait à Manchester les premiers meetings pour faire connaître comment il était possible de faire remonter les navires de 8 mètres de tirant d'eau jusqu'à cette ville, et on étudiait les projets à soumettre au Parlement. La ville de Manchester, et avec elle ses principaux industriels, négociants, banquiers, au nombre de 1,200 membres, formant l'assemblée commerciale de cette grande ville, n'hésitèrent pas à poursuivre la réalisation d'un projet dont le devis s'élevait à 250 millions. Aujourd'hui le canal de Manchester est partiellement ouvert à la navigation, et nous avons reçu, il y a quelques jours, les documents officiels annonçant l'exploitation du canal dans la partie comprise entre la Mersey et le canal de Bridge-Water. Les travaux continuent, et en 1892, on compte ouvrir les docks de Manchester, et exploiter le canal sur toute sa longueur.

Aussi M. Simonin, en 1883, nous invitait-il à imiter Manchester, et à proposer l'exécution, par l'initiative privée, des travaux du Havre, de l'embouchure de la Seine, et à en prendre l'exploitation et l'entretien. Si nous l'avions écouté, les travaux seraient déjà commencés, et peut-être serions-nous arrivés, en même temps que Manchester, à livrer au commerce le plus bel établissement maritime qui existe en Europe.

Le congrès avait appuyé les propositions de M. Simonin en y ajoutant le vœu formel de voir l'embouchure de la Seine transformée en une rade de refuge pour les flottes de guerre sur la Manche.

Cette seconde partie du problème proposée par M. l'Inspecteur général des Ponts-et-Chaussées Partiot, lorsqu'il était ingénieur de la Seine en 1859, sur laquelle nous avons de nouveau appelé l'attention publique et qui, nous pouvons le dire aujourd'hui, a reçu une approbation générale, peut être résolue facilement par des moyens semblables à ceux qui sont pratiqués en Angleterre et notamment pour l'exécution du canal de Manchester. Ces moyens consistent à former une société qui, prenant à sa charge les travaux dont l'approbation serait soumise à l'Etat et qui seraient exécutés sous son contrôle, se chargerait de l'entretien et de l'exploitation des ports, des docks nouveaux.

Les revenus devraient se composer des taxes de navigation déjà perçues, auxquelles on ajouterait les droits de quai, comme cela est indiqué dans la proposition faite par les auteurs de *Paris Port de Mer*, et qui seraient au moins justifiés pour la basse Seine par le fait que l'on offrirait à la défense du territoire une rade d'abri que l'on reconnaît être indispensable.

A ces ressources viendraient se joindre les recettes des appareils et installations nouvelles à créer, tels que : outillage, hangars, docks, qui formeraient une des parties importantes comme revenu. On centraliserait ainsi, dans une seule main, tous les services disséminés aujourd'hui entre plusieurs administrations.

Or, cette absence de centralisation dans les ports français, à l'exception d'une partie du port de Marseille, explique les difficultés qu'on y rencontre ; pourquoi la plupart de nos établissements se trouvent en état d'infériorité manifeste vis-à-vis des établissements des pays étrangers, *où on a compris partout que là était le seul moyen de créer un outillage, toujours en progrès, des docks toujours bien disposés*, des armements de navires, tout ce qui peut permettre de lutter avec avantage contre la concurrence étrangère. Il n'y a pas un grand port étranger où cette division existe, où il n'y ait pas unité de vues dans l'exécution des projets d'amélioration des entrées, des armements, des entrepôts ; où les travaux ne soient poursuivis que d'après ce principe que *c'est le commerce maritime qui doit tout dominer*, les autres n'étant que des accessoires.

Les ports français, à l'exception de Marseille, ne sont ni construits ni exploités industriellement comme les ports étrangers, en Angleterre, en Allemagne, en Belgique et en Hollande, et même en Espagne, dans le port de Pasages, où on trouve un exemple si remarquable de ce que peut faire l'industrie appliquée à la construction et à l'exploitation d'un port qui, tombant en ruines, est devenu un des premiers ports de l'Espagne où les navires du plus grand tirant d'eau peuvent entrer à toute heure.

Partout, ailleurs qu'en France, le commerce est le pivot essentiel de la prospérité des ports ; c'est l'entrepôt, ce sont les marchés qu'il crée qui font la fortune du pays.

Le port de Liverpool, qui coûte si cher pour y entrer, est cependant le second port du monde, le port où le fret est le meilleur marché. Quelque élevés que soient les droits qu'on paye à l'entrée, ils n'empêchent pas les navires d'y venir, parce qu'ils y trouvent des entrepôts, un vaste marché, le moyen de se décharger rapidement, et souvent aussi d'y trouver des affrètements de retour.

Le port de Brest, au contraire, qui est exempt de toute taxe, ne reçoit, pour ainsi dire, pas de marchandises, parce qu'il n'y a pas de commerçants ; c'est donc moins la profondeur d'un port qui peut faire sa fortune que sa situation géographique et les facilités qu'y trouve le commerce pour y écouler les marchandises qu'il reçoit.

CONCLUSION

A cet égard, les ports de la Seine sont les mieux placés sur le continent, si on leur permet de recevoir rapidement les navires à toute marée, et de les décharger en quelques heures.

Aujourd'hui, tous, marins, négociants, armateurs, nous sommes unanimes sur le rôle que jouera la marine dans les guerres prochaines. Le commerce demande une rade d'abri dans la Manche. L'embouchure de la Seine est le point à choisir pour organiser un refuge où le Havre pourra avoir un second accès, qui lui est indispensable. Le dernier accident de l'*Abeille* le démontre, il faut une entrée nouvelle, accessible à toute heure, comme au port de Brest, qui cherche à attirer la navigation trans-atlantique, nous a-t-on dit, en présence des retards qui se produisent au Havre, où il faut attendre l'heure de la marée.

Pour répondre à l'invitation qui en a été faite par M. le Ministre des Travaux publics, qui demande le concours de l'initiative privée, nous avons préparé un modèle de projet de loi qui échappe aux objections à l'aide desquelles on a fait repousser les premiers projets par la Chambre et le Sénat.

Mais avant de donner ce document, nous croyons devoir aller

au devant d'une critique qui a été faite du projet de rade de guerre à l'embouchure.

On a dit : Votre rade va attirer les flottes ennemies. Vous risquez donc ainsi de voir le Havre bombardé, sa flotte détruite et le résultat des dépenses que vous allez faire ira à l'encontre du but que vous poursuivez.

Notre réponse à cette objection sera facile. Nous pouvons démontrer, au contraire, qu'au lieu de la destruction dont le Havre et sa flotte sont menacés aujourd'hui, nous écartons du Havre toute crainte de bombardement par la création d'une rade et l'organisation de défenses fixes et mobiles éloignées de ce port.

La sécurité devient absolue pour les navires transatlantiques et les autres paquebots classés aujourd'hui comme auxiliaires de la flotte de combat, puisqu'ils pourront facilement remonter en Seine pour se mettre à l'abri.

N'est-il pas vrai qu'aujourd'hui les fortifications et les batteries du Havre, les paquebots ancrés dans ses bassins, autorisent l'ennemi à détruire ces moyens de défense, et qu'en les détruisant il peut prétendre légitimer la ruine de la ville du Havre, qui en serait malheureusement la conséquence?

Si, au contraire, on supprime toutes les batteries du Havre, si on éloigne les défenses mobiles, si on dérobe les navires en les mettant à l'abri, le Havre devient alors une ville ouverte, et l'ennemi qui la bombarderait commettrait un acte contraire au droit des gens.

La sécurité de la ville est donc assurée si on exécute le projet dont nous poursuivons la réalisation et que tous les marins demandent comme nous.

L'objection qui nous a été faite n'a plus de raison d'être et la ville du Havre doit être la première à en demander l'exécution immédiate.

Dans l'exposé des motifs et dans la proposition de loi qui le suit, et qui sera notre conclusion, nous avons tenu à répondre à toutes les objections du Sénat et de la Chambre des Députés. Nous mettons à la charge de ceux qui s'en servent l'exécution des travaux, nous demandons à la marine étrangère la plus grosse part, et, chose importante, nous exonérons les villes de Rouen et du Havre et le département de la Seine-Inférieure d'une charge de 8 millions que leur imposait le projet de loi voté par la Chambre.

Nous donnons une rade de refuge pour nos flottes ; le Havre a une seconde entrée libre à toute heure, Rouen peut recevoir les navires à toute marée.

Nos représentants doivent donc tous s'associer pour arriver à la seule solution qui convienne à une question où les intérêts généraux du pays sont engagés.

PROJET DE LOI

pour la création d'une rade de refuge dans l'estuaire de la Seine, l'amélioration des ports du Havre et de Rouen.

EXPOSÉ DES MOTIFS.

La discussion du budget de la marine a appelé l'attention du pays tout entier sur la nécessité de faire à l'embouchure des grands fleuves des rades d'abri pour les flottes militaires et pour les flottes de commerce appelées, en cas de guerre, à servir de navires auxiliaires de combat.

Aujourd'hui, il n'est plus douteux que ces rades ne doivent jouer un rôle important pour la défense du territoire.

Les étrangers nous ont devancés dans cette voie, et tous les grands pays d'Europe ont tenu à créer des abris sûrs et profonds pour leur marine. L'Angleterre, l'Allemagne, la Russie, l'Italie, possèdent de nombreuses rades abritées où les navires peuvent se réfugier. Ces abris existent à l'aval des fleuves, sur la Tamise, l'Escaut, l'Elbe, la Néva, la Clyde ; il servent de défense aux grands ports de Londres, Anvers, Hambourg, Saint-Pétersbourg.

En France, la Gironde, la Loire, la Seine, l'étang de Berre, peuvent, comme les autres fleuves de l'Europe, remplir la même fonction pour assurer la défense du pays.

La Seine, à son embouchure, forme le fort avancé de la grande voie navigable qui réunit Paris à la mer, et est ainsi désignée la première pour servir à résoudre une question urgente aujourd'hui.

En raison des progrès considérables de la marine à vapeur à grande vitesse et de l'artillerie moderne qui, par la précision de son tir, la portée énorme de ses projectiles, la puissance destructive des nouveaux explosifs dont ils sont chargés, les ports placés dans le voisinage des côtes ne peuvent plus servir de refuge à nos flottes.

Tous les amiraux, dans tous les pays, sont unanimes sur un point, c'est que l'intervention de la marine doit, dans l'avenir, exercer une influence décisive en cas de conflit militaire et rend nécessaire la création de rades d'abri.

Les grands ports de commerce ont compris aussi que leur meilleure protection consistait à créer dans le voisinage une rade de refuge pour les navires de combat, ces refuges, placés à une certaine distance, écartant des ports de commerce les dangers de bombardement et permettant de diriger rapidement les navires propres à assurer la défense des côtes.

De toutes parts, il s'est élevé un concert d'opinions favorables à cette solution. L'intérêt du commerce est étroitement lié à la défense du territoire.

La destruction de nos ports, de notre outillage maritime et de nos grands paquebots, serait un immense désastre pour le pays, et qu'il faut éviter à tout prix. En créant des arsenaux de défense et d'agression, bien abrités, on peut efficacement combattre un ennemi prêt à fondre sur nos ports, à les bombarder, et, en les bombardant, détruire à la fois nos ports, nos entrepôts, notre marine commerciale, qui représente une valeur de plusieurs milliards ; qui contribue, dans une si grande mesure, au développement de notre commerce d'exportation de matières premières et de notre industrie, aussi bien qu'à notre commerce d'importation, pour assurer notre alimentation et approvisionner notre industrie.

Aujourd'hui, il n'est pas un officier de marine, un armateur, un négociant qui n'attache une grande importance à l'amélioration des grands ports de commerce.

D'un autre côté, les ressources du budget sont, en grande partie, engagées dans les dépenses de la guerre et de la marine.

On a dû faire subir à la dotation des travaux publics des réductions considérables.

On a dû renoncer à exécuter beaucoup de projets votés et étudiés. Faute de crédits suffisants, beaucoup de travaux en cours d'exécution se trouvent arrêtés, au grand détriment du Trésor et au grand mécontentement des populations.

Nos ports français sont dans un état d'infériorité manifeste vis-à-vis des ports rivaux de Londres, de Liverpool, d'Anvers, de Hambourg, de Rotterdam, etc. Il y a nécessité absolue, sous peine de voir disparaître à bref délai les derniers restes de notre marine marchande et de perdre notre commerce extérieur, d'augmenter le tirant d'eau des ports de Bordeaux, de Nantes, de Rouen; d'approfondir les passes d'accès de Saint-Nazaire et du Havre, et de compléter l'outillage de tous ces ports.

Mais on se heurte à un obstacle insurmontable : le manque d'argent; tout le monde reconnaît l'impossibilité de demander de nouveaux sacrifices aux contribuables déjà surchargés.

Il faut trouver le moyen d'assurer le service tout en faisant des économies. Pour cela, il est nécessaire d'entrer résolument dans la voie des réformes.

M. le Ministre a proposé de décentraliser une partie des travaux publics et d'affecter à leur achèvement des ressources spéciales indépendantes des allocations budgétaires. Cette idée a été accueillie par les représentants autorisés de nos grands ports de commerce.

La question est posée devant l'opinion publique, et nous avons cru devoir proposer un projet de loi qui, s'il était accepté par le Parlement, nous semble de nature à réaliser pour le Trésor une économie considérable, tout en procurant pour l'achèvement des ports des ressources indispensables.

Notre proposition a un double but : assurer la défense du territoire, en tête du grand canal de la Seine; faire des travaux dans les deux ports de Rouen et du Havre d'une manière plus pratique, plus rapide et plus économique; faire payer ces travaux par ceux qui en profitent et faire supporter par la marine et le commerce étranger une partie des charges qui pèsent exclusivement sur le contribuable français.

Les ressources dont on disposerait se composent :

1° Des revenus des entreprises de remorquage et de sauvetage que la loi permet de gérer de manière à assurer le service rapide et économique de l'entrée et de la sortie des navires ;

2° Des subventions des villes et des départements ;

3° Des droits locaux que les lois spéciales permettent d'établir en vertu de l'article 4 du 19 mai 1866 ; des taxes de quai qui sont perçues par la loi de 1872 ;

4° Aux ressources que lui procurerait l'administration d'établissements à l'usage de commerce, tels que docks, entrepôts, magasins généraux, mais sous réserve de l'autorisation administrative pour l'affectation partielle des ressources aux dépenses étrangères à la gestion de ces établissements ;

Appliquer enfin ce qui a si bien réussi en Angleterre, et a porté le commerce maritime à un si haut degré de prospérité ; qui a si bien réussi à Marseille ; qui a permis au commerce de cette ville de posséder dans la Méditerranée et de conserver la prédominance qu'elle occupe vis-à-vis des ports étrangers.

On pourrait pourvoir à l'entretien du fleuve, à l'exécution des grands travaux que l'État aura jugé utile d'approuver, à l'embouchure et dans les ports ; on assurerait, à l'aide de droits locaux, la réalisation des travaux nécessaires à l'entretien et à l'exploitation des ports ; ces droits locaux donnant à l'émission d'obligations des revenus assurés en assureraient les remboursements.

L'État enfin n'assumerait ainsi aucun risque fâcheux, puisque les travaux n'auraient été exécutés que par des projets assortis de moyens susceptibles d'amoindrir les dépenses. L'État aurait par ses agents la surveillance et le contrôle des travaux.

L'économie à réaliser par le budget de l'État dans l'ensemble du pays, si cette application était faite, pourrait s'élever à 6 ou 700 millions et laisserait des sommes nécessaires pour subvenir aux ports moins bien dotés et qui auront besoin d'être aidés dans leur développement.

L'entretien des ports, étant effectué de la même manière, assurerait aussi une économie annuelle importante.

On créerait enfin à l'embouchure et sur la basse Seine un vaste établissement maritime centralisant les entrepôts, les opérations des ports, la construction, l'entretien et la surveillance des travaux, la manœuvre de l'outillage; constituant, en un mot, un organisme puissant, en mesure de concurrencer les ports rivaux de l'Europe organisés de la même manière, pouvant ainsi développer en France les armements et le commerce maritime qui, jusqu'à présent, n'ont pas suivi les progrès auxquels nous assistons dans les ports de l'étranger.

PROJET DE LOI.

ARTICLE 1er. — Sont déclarés d'utilité publique des travaux à exécuter pour :

La création d'une rade à l'embouchure de la Seine, pour servir de refuge aux navires de guerre et de commerce ;

La défense de la pointe de la Hève ;

La création d'une nouvelle *entrée* au Havre, donnant *accès* à toute heure ;

L'amélioration de l'entrée actuelle par des dragages ;

Une modification à l'entrée actuelle pour accéder directement dans les bassins de l'Eure ;

L'amélioration de la basse Seine jusqu'à Rouen ;

Les travaux d'entretien et les travaux nécessaires dans les ports.

ROUEN. — IMPRIMERIE JULIEN LECERF.